AMAN

ECER

Defreds

Jose Á. Gómez Iglesias

AMANECER

Ilustraciones de
Naranjalidad

ESPASA ES POESÍA

ESPASAesPOESÍA

© José Ángel Gómez Iglesias, 2024
© de las ilustraciones, Naranjalidad (Beatriz Ramo), 2024
© Editorial Planeta, S. A., 2024
Espasa, sello editorial
de Editorial Planeta, S. A.
Avda. Diagonal, 662-664
08034 Barcelona

Primera edición: abril de 2024

Diseño de interiores: María Pitironte
Preimpresión: Safekat, S. L.

Depósito legal: B. 5.535-2024
ISBN: 978-84-670-7330-0

Espasa, en su deseo de mejorar sus publicaciones, agradecerá cualquier sugerencia
que los lectores hagan al departamento editorial por correo electrónico:
sugerencias@espasa.es

www.espasa.com
www.planetadelibros.com

Impreso en España/*Printed in Spain*
Impresión: Gómez Aparicio

Gracias a ti.
Por conseguir que siga teniendo
cada día un amanecer.
Por sacarme la oscuridad.

Gracias a ti
por hacerme volar.

Gracias a todos
por las letras y los sueños.

Gracias a mí
porque nunca hay que olvidarse de darnos
las gracias a nosotros mismos.

Índice

Hay cosas en la vida que suceden así, «casi sin querer».
No las esperas y llegan para cambiarte la vida.

Son el comienzo, lo que hace que continúes y, al recordarlo
todo, te provoque una sonrisa.

Fuiste *Casi sin querer*.

No hay razón

No hay razón para volver a probar los errores del pasado,
como si fueran dulces con mucho azúcar que quisiéramos
saborear de nuevo. El daño que nos infligieron o que infligimos
ya supuso suficiente lección. En vez de quedarnos atrapados
en el remordimiento, debemos aprender de nuestros fallos,
para seguir adelante y no repetirlos.

Cada día es una oportunidad para enmendar, para ser mejores,
para dejar atrás aquello que nos hirió. El pasado ya se ha ido,
no permitas que sus sombras vuelvan oscuro tanto tu presente
como tu futuro.

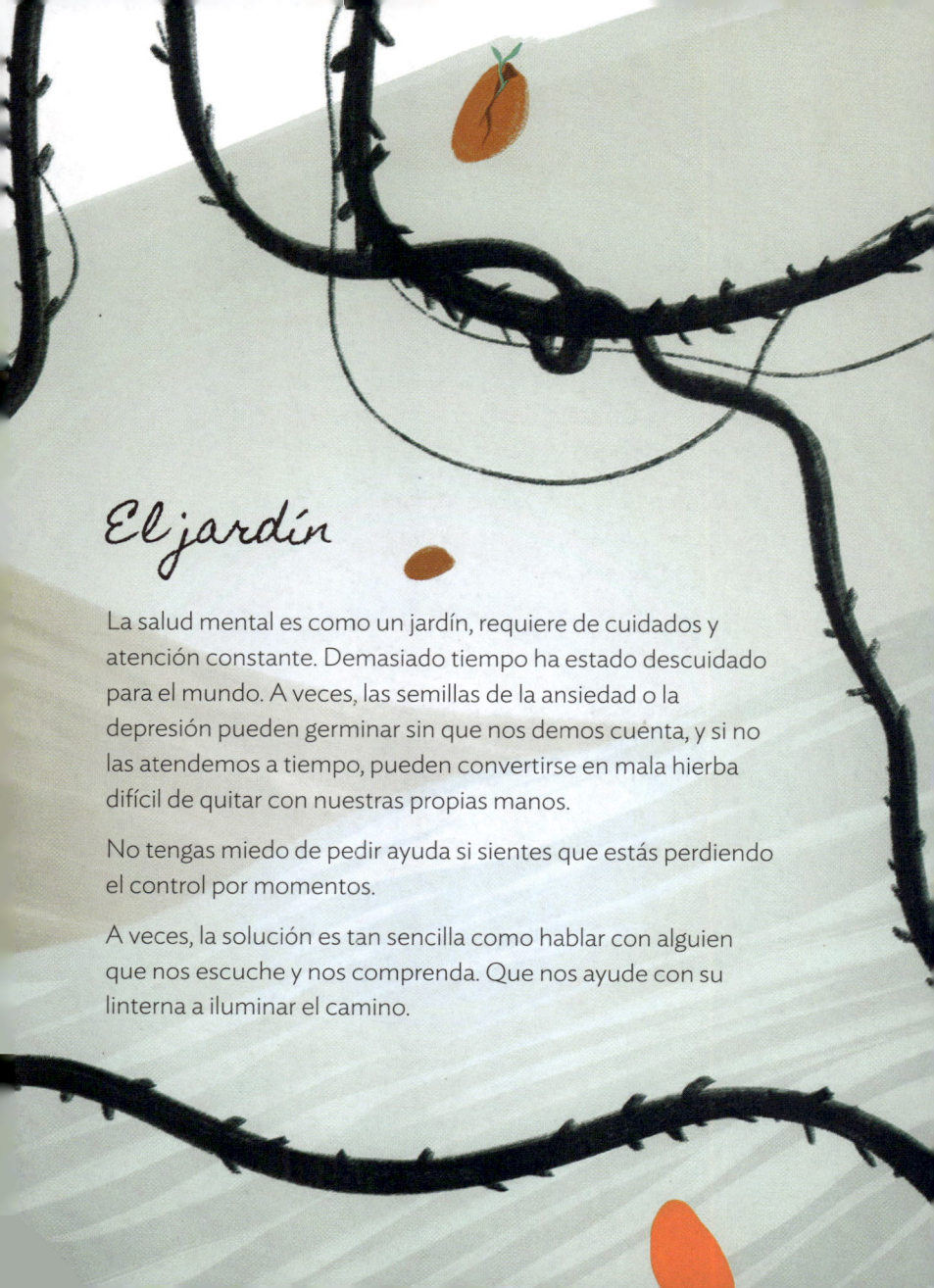

El jardín

La salud mental es como un jardín, requiere de cuidados y atención constante. Demasiado tiempo ha estado descuidado para el mundo. A veces, las semillas de la ansiedad o la depresión pueden germinar sin que nos demos cuenta, y si no las atendemos a tiempo, pueden convertirse en mala hierba difícil de quitar con nuestras propias manos.

No tengas miedo de pedir ayuda si sientes que estás perdiendo el control por momentos.

A veces, la solución es tan sencilla como hablar con alguien que nos escuche y nos comprenda. Que nos ayude con su linterna a iluminar el camino.

Ojalá

Ojalá siempre tengamos la oportunidad de vivir intensamente cada día, de abrazar a quienes queremos, a quienes nos hacen sonreír cuando la vida cuesta.

Ojalá siempre sepamos valorar los pequeños detalles que nos regala la vida, y no dejar para mañana lo que podemos saborear hoy.

Ojalá esa serie de Netflix tenga más temporadas para verlas todas contigo.

Ojalá siempre recordemos que la vida es corta, y que debemos disfrutarla al máximo porque, al final, lo único que nos llevamos son los momentos que hemos vivido y los amores que hemos dado. Los abrazos lentos y los besos que soñamos.

La chica

La chica que ya no deja que le vuelva a pasar lo mismo.

Que se lo piensa dos veces todo porque le da miedo
que se repita el daño.

La chica de los desayunos y las risas. Que si la necesitas allí
estará a cualquier hora.

La chica que hace de cada día uno distinto.

Porque ella sigue soñando.

Nunca

Supongo que nadie entendía tus ganas, tu espera. Tu fe en imposibles. Todo el mundo se preguntaba qué habría pasado para tenerlo claro esta vez. Supongo que era más sencillo mandarlo todo a la mierda y seguir como siempre. Sería lo fácil.

Eso harían los que no son valientes.

Pero tú sí que lo eres. Pero no, sabías que no.

Que tenía que ser. Siempre dices que mereció la pena.

Que para nada estás arrepentida, al revés. Siempre me ha dado pereza despertarme, pero ya no, me gusta abrir los ojos y saber que estás junto a mí, desnuda y respirando cadenciosamente. Que te medio despiertas en las madrugadas y me buscas. Me has metido en tus futuros, esos que nunca tuvieron a alguien que se lo mereciera. Y lo haces sin dudar, sin descuidar el presente. Siempre dices: «Y lo que queda».

Y yo sonrío. Cierro los ojos y lo visualizo. Veo momentos, ciudades y magia. Veo que no te importaría viajar sin maleta, si te lleno de sueños. Veo esa sonrisa de pilla. Esos ojos transparentes. Le tengo envidia a los gatos, que tienen siete vidas para cruzarse contigo en cualquier calle. Y eso es todo, bueno, casi todo. Me falta lo de que da igual que haga sol o llueva. Que el día fuera tranquilo o tengas millones de ganas de meterte en la cama. Tú NUNCA te olvidas de sonreírme.

Cuando ella habla

Cuando ella habla todo se detiene. No es una voz normal, te hace volar. Cumple tus sueños. Cuando suena, las canciones parecen solo frases y, cuando se calla, es como si el mundo dejara de hacer ruido.

Hasta enfadada suena bien. Cuando habla segura, nadie puede derribar su muro.

Y cuando gime, parece que nunca se acaba la explosión del todo.

No te calles nunca.

Cuando abras
el paracaídas

Hay momentos que lo son todo, porque sientes
que no te falta de nada dentro de algo, dentro de ti.

Porque sabes que, pase lo que pase, podrás abrir
el paracaídas, y ahí estarán sus brazos.

Todo era frío

Todo era frío: invierno, mantas para sobrevivir a las bajas temperaturas. Las manos heladas y el corazón metido en un arcón. Cubitos de hielo que sobraron del botellón de los adolescentes el fin de semana.

Me remontaste al calor. A Canarias todo el año, al Sáhara como un oasis. Al «infierno» de tus labios. Hiciste una queimada y ardieron ahí mis miedos.

Me llevaste arriba, al Cristo redentor, a la torre de Pisa, al Everest; me hiciste sentir como si fuera el mismísimo amor coronando la torre Eiffel.

Me subiste al sueño. A ese que te gusta tanto que preferirías que continuase al despertar, vivirlo con los ojos abiertos.

Pero el frío retornó con tu silencio, con tu falta de respuestas. Con tu manera de dejarlo todo sin decir nada. Volvió el frío que había conocido, pero multiplicado. Ya no late. Ya no sé si latirá acelerado.

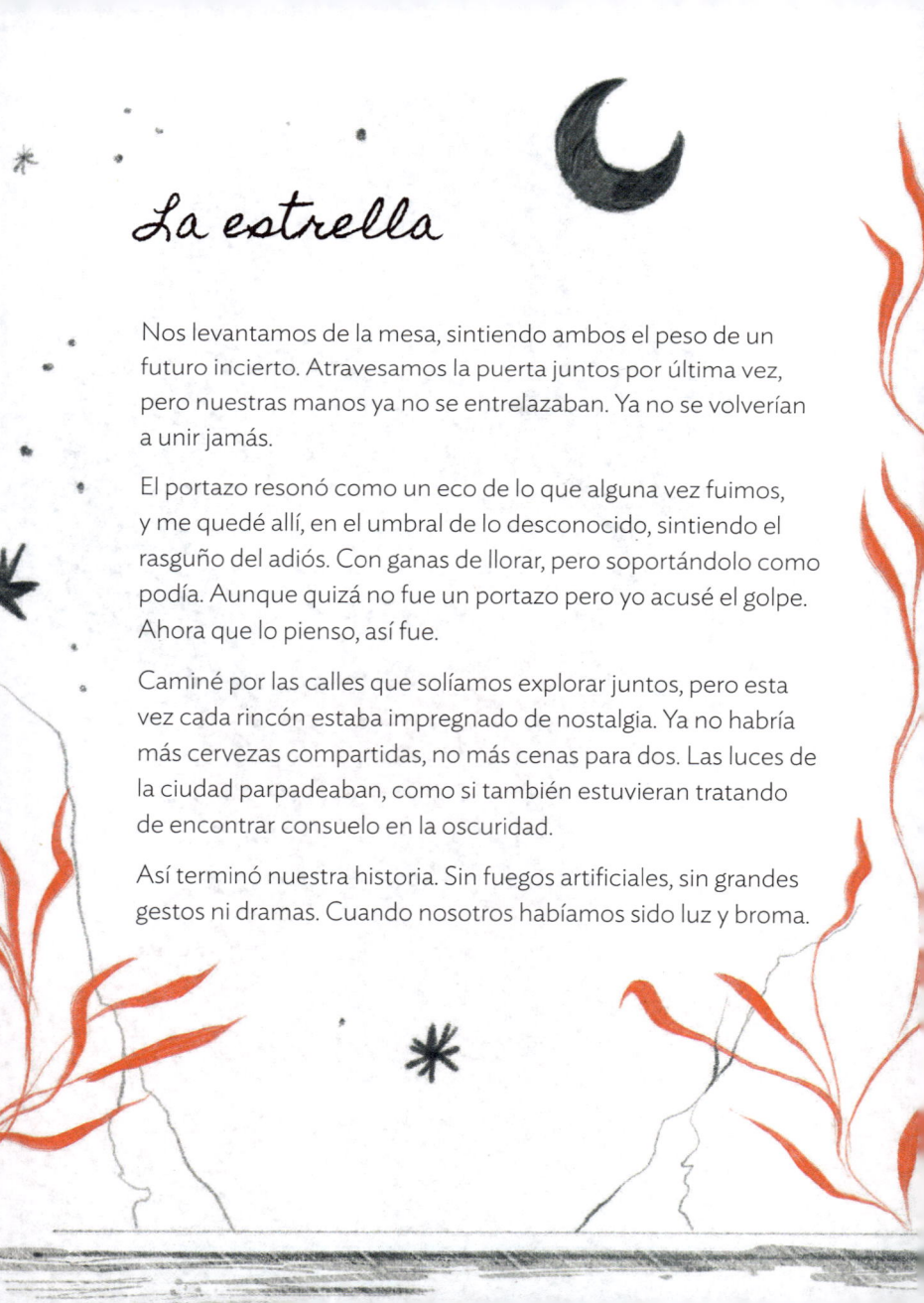

La estrella

Nos levantamos de la mesa, sintiendo ambos el peso de un futuro incierto. Atravesamos la puerta juntos por última vez, pero nuestras manos ya no se entrelazaban. Ya no se volverían a unir jamás.

El portazo resonó como un eco de lo que alguna vez fuimos, y me quedé allí, en el umbral de lo desconocido, sintiendo el rasguño del adiós. Con ganas de llorar, pero soportándolo como podía. Aunque quizá no fue un portazo pero yo acusé el golpe. Ahora que lo pienso, así fue.

Caminé por las calles que solíamos explorar juntos, pero esta vez cada rincón estaba impregnado de nostalgia. Ya no habría más cervezas compartidas, no más cenas para dos. Las luces de la ciudad parpadeaban, como si también estuvieran tratando de encontrar consuelo en la oscuridad.

Así terminó nuestra historia. Sin fuegos artificiales, sin grandes gestos ni dramas. Cuando nosotros habíamos sido luz y broma.

Solo dos personas que se dieron cuenta al mismo tiempo de que ya no encajaban en la historia del otro.

Y mientras caminaba solo bajo la luna, supe que las estrellas también presenciaron nuestra despedida, guardando silencio ante la inevitable realidad de que algunas constelaciones están destinadas a desvanecerse.

Me gusta aquella que brilla tanto.

Danza macabra

No entiendo nada de lo que pasa. ¿Será poder? ¿Serán ganas de maldad? ¿Sentirse superior?

La necedad.

La vida es demasiado corta para dedicarla a la absurda tarea de destruirnos mutuamente. Las risas, los abrazos y los amaneceres merecen ocupar el centro del escenario, desplazar a la sombra de la violencia innecesaria. En las personas, en los países, en los sentimientos.

Porque, en definitiva, la vida es bonita, y sería un pecado desperdiciarla en una danza macabra cuando podríamos estar bailando gozosamente. Lento. Inolvidable.

La vida de Pedro

Pedro siente que se ha quedado vacío, sin nada. La vida ha vuelto a golpear sin dar respiro, demasiado rápido. Las dos personas que más quería ya no están.

Ha vuelto a aquel parque: todo está cambiado. Cada vez menos niños juegan al balón, se pierden ahora entre las pantallas.

De pronto, el parque se llenó de risas, no solo las suyas, sino también las risas grabadas en las cicatrices del balón. Como él recordaba. Se unieron sus recuerdos al juego de los niños... La vida se entrelazaba, trenzando hilos del pasado y del presente en un gol maradoniano.

Al atardecer, Pedro se sentó en el banco, agotado pero lleno de una paz reconfortante. Miró el balón con gratitud, sabiendo que, aunque los años hubieran pasado, la esencia de la alegría compartida perduraba. Fue feliz, aprendió a amar y respetar.

Guardó el balón bajo el brazo y se alejó del parque, llevando consigo todos aquellos momentos.

Volvió a sonreír.

Poema triste

Nunca escribí un poema, pero si escribiera uno acerca de ti, me saldría completamente triste.

Triste porque nunca supe estar a tu altura, ni quererte como tú me amabas. Ya suena mal así.

Y me da rabia porque quedé en deuda contigo: te debo mil abrazos, cuatro mil besos y una despedida.

Quizá eras imposible de alcanzar y yo no supe llegar hasta ti.

Quizá volabas demasiado alto para mis alas inexistentes.

A ti te gustaban los viajes organizados; a mí, improvisar sin reserva.

Despedida

Las despedidas nunca resultan fáciles. Siempre hay algo de nostalgia en el aire, un sentimiento de que algo se está acabando. A veces nos despedimos de personas que sabemos que nunca volveremos a ver, y otras veces simplemente decimos adiós por un tiempo. Otras veces nos despedimos para volver sabiendo que nunca lo haremos.

En cualquier caso, siempre hay una sensación de perderse.

Lo peor de las despedidas es que a menudo no las vemos venir. Nos acostumbramos a la presencia de alguien en nuestras vidas y de repente, sin previo aviso, tienen que irse.

Y entonces nos quedamos con esa sensación de vacío, de que algo falta.

Eres mi palabra menos favorita. Adiós.

1775 calles

En cada calle te puede cambiar la vida. En una esquina,
en una plaza, en sus ojos.

No dejemos de recorrer las calles ni los sueños.

Presente

Entre recuerdos que se escapan, se marchan
y no quieren volver,
un laberinto en la memoria desdibuja lo que antes era nuestra historia.

En sus ojos vacíos se pierde la identidad; en el olvido constante,
se esfuma la realidad. Todo viene y va con la enfermedad.

Los nombres, rostros y lugares, desvaneciéndose en el frío
de la costa del norte, mientras el corazón se parte viendo
cómo se desentienden alrededor.

Pero el amor no se desvanece, arraiga en lo más profundo,
y aunque las palabras se esfumen, nuestro cariño es *sempiterno*.
Acompañemos en silencio, en este viaje sin final,
y hagamos del presente un lugar donde volver a empezar.

Podrán robarnos la memoria, pero nunca nuestro amor.

Diferentes

Había una vez un erizo y una tortuga que vivían en un hermoso jardín lleno de plantas con fuerza color verde y otros vecinos animales.

El erizo era un animalito inquieto y siempre estaba buscando nuevas aventuras, mientras que la tortuga era tranquila y prefería tomarse las cosas con calma. Le costaba hasta levantarse por las mañanas.

Un día, el erizo decidió explorar más allá del jardín y aventurarse en el bosque cercano. Animado por su espíritu aventurero, se adentró en el frondoso lugar sin pensarlo dos veces. Mientras tanto, la tortuga se quedó en el jardín, disfrutando del sol y comiendo hierba fresca.

El erizo se encontró con muchas sorpresas en el bosque: árboles altos, cristalinos riachuelos y una enorme cantidad de animales variopintos. Sin embargo, también se dio cuenta de que el bosque era un lugar peligroso y desconocido. No estaba preparado para enfrentarse a todos los desafíos que se le presentaban, y se sintió asustado por primera vez.

Mientras tanto, la tortuga continuaba su tranquila vida en el jardín. Cada día se levantaba, se movía lentamente hacia su fuente de comida y disfrutaba de la paz que le ofrecía su entorno. Aunque su vida podía parecer monótona a algunos, la tortuga encontraba belleza en la rutina y en los pequeños detalles de cada jornada.

Un día se miraron a los ojos como nunca antes se habían mirado.

Su vida en el jardín cambió para siempre.

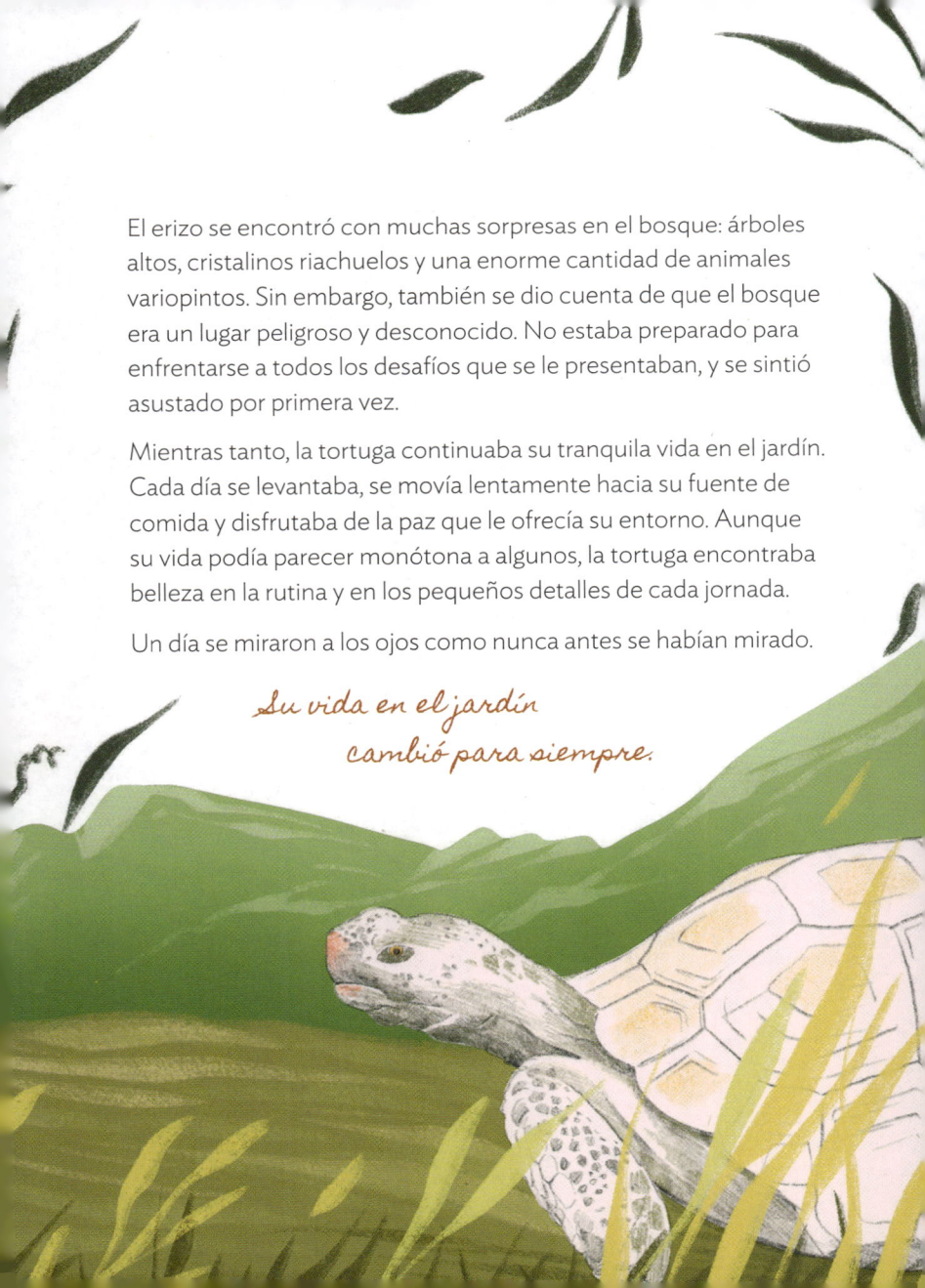

Efímero

Ahora casi todo se mueve a través de líneas digitales
y conexiones que no duran ni una semana. Gente
que teje un amor moderno, efímero, que casi parece
a distancia. Los mensajes se cruzan como estrellas
fugaces y pueden acabarse en cualquier momento,
además sin avisar. Un amor que dura como los megas.

Nos vemos a través de pantallas, compartimos risas
breves por llamadas y nos besamos con emoticonos.

Echo de menos los amores de mirarse a los ojos y luchar
contra las adversidades. Amores que no se terminan
a la primera de cambio. Porque solo se busca lo fácil.

Que nos ilusionen los abrazos. Que guardemos el móvil

y que los sueños empiecen.

La amistad

En cada capítulo de nuestra vida, tú eres el personaje principal que nunca dejas de sorprenderme. Esa página en blanco que siempre está dispuesta a llenarse de risas, aventuras y confidencias. Nuestra amistad supone un libro que no ha terminado, en el que cada palabra escrita es una de nuestras aventuras que nos hacen morirnos de la risa.

Eres la lámpara que ilumina mis días nublados y el abrazo reconfortante que consuela en mis momentos de tristeza. Hemos pasado por todo pero, cerca de ti, los problemas van desapareciendo.

No importa cuántos kilómetros nos separen o cuánto tiempo pasemos sin vernos, nuestra conexión se mantiene. Nuestros lazos van más allá de eso.

Tú me conoces mejor que nadie, incluso en los momentos en los que no me entiendo ni yo mismo. Eres capaz de leer mis pensamientos con solo una mirada, y tus palabras siempre encuentran el camino correcto.

Gracias por estar siempre ahí, en los buenos y malos momentos, entre las risas y las lágrimas, en las celebraciones pero también en las derrotas en el último minuto.

Gracias por cada peli, serie y cine con palomitas.

Gracias por ser mi compañero de aventuras, mi confidente y mi mejor amistad.

Vuelta a empezar

De pequeño no era raro, era diferente. No temía al coco, solo a mis miedos.

Me gustan las canciones en directo para escuchar los coros del público y, cuando el cantante entona «Uh, uh, uh» me vengo arriba. El resto da igual.

Y aunque deba hacerlo, nunca me gustó pedir ayuda. Ya aprendí con el tiempo que sí debo.

Odiaba los domingos, porque queda poco para el lunes. Qué rápido pasa el tiempo, ya somos mayores. Los problemas aumentan a tal velocidad que ya no pides mucho más que disfrutar.

Los martes me digo que esta semana sí que sí, y llega otra vez el viernes y vuelta a empezar.

Y cuánta gente quedó atrás, qué valientes quienes permanecieron a mi lado. Entre libros y giras. Entre interesados y problemas. Entre cenas a deshoras y las canas.

He intentado ser un buen chico, aunque no siempre lo he logrado. Tenía que haber cerrado el pico y abrir los problemas.

Mírame con tus ojos que dan vida, que sellan todas las grietas.

Seis

Te doy mis ojos: Un día te miré a los ojos y supe que eras mi destino final. Lo anterior, solo paradas.

Saber que te vas: A veces, el amor puro implica dejar ir a quien amas para que encuentre su propio camino. Porque aquí ya no es feliz.

Te regalo: Te regalo mi sonrisa, mis abrazos.

Cuando llegue el momento: Sabía que nuestro amor puro llegaría en el momento adecuado, y así fue.

Vuelve: A veces, el amor puro nos hace desear que el tiempo retroceda para revivir juntos aquellos momentos mágicos.

Ya no me acuerdo: Olvidé todo lo demás cuando te conocí, solo importaban tus palabras.

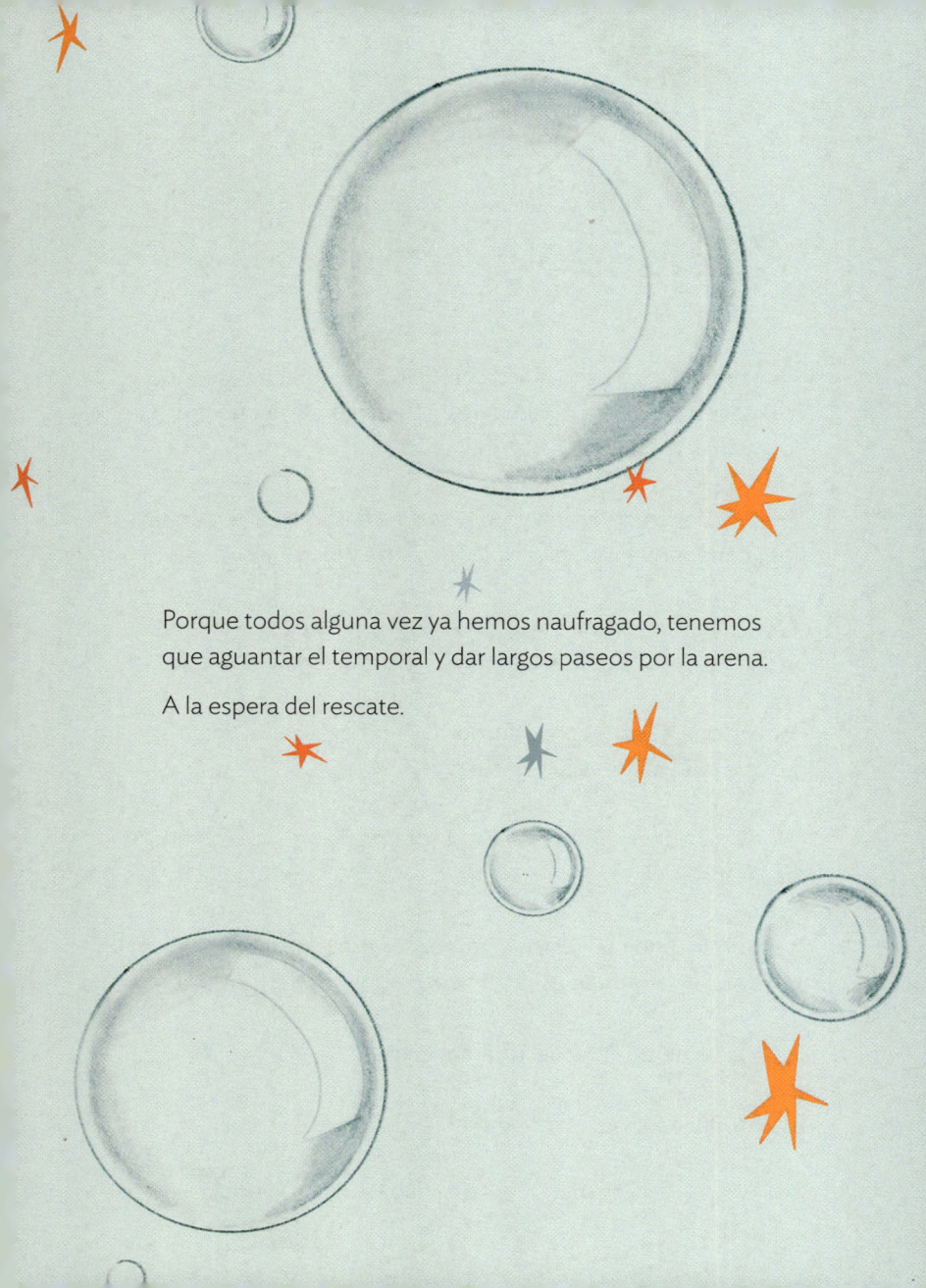

Porque todos alguna vez ya hemos naufragado, tenemos
que aguantar el temporal y dar largos paseos por la arena.

A la espera del rescate.

El camino

No tienen ni idea de lo que dicen. Hablan por hablar, creen
que saben todo de ti. Creen que en tu mirada se encuentra
lo que has vivido.

Pero no tienen ni idea de todo lo que ha pasado por el camino:
los abandonos, los tropiezos, las pérdidas y los daños.

Que detrás de la mayoría de las sonrisas quedan montañas que
escalar todavía, experiencias que olvidar y retos por cumplir.

Parece que puedes con todo, porque no necesitas ayuda.
Lo que pasa lo sabes tú y nadie más.

Que esta vida no ha sido para ti una tarde de película romántica
de Netflix.

Vas caminando por la esquinita, pegada a la pared,
para que no te atropelle ningún coche que circule muy justito.

La puesta de sol aparece; tú, amaneces.

Lo intentas, aunque ya nunca lloras.

Escapar de ti

No tienes cara, pero das pavor cuando apareces. Te enganchas a mí y no me sueltas, parece que no te quieras marchar nunca.

Me pillas como un imprevisto. Te metes por dentro y casi me cuesta respirar.

No te apiadas de mí y todas las mañanas y las noches resultan iguales. Oscuras. De persianas bajadas y cero ganas de todo.

Quiero gritar y nadie me escucha. No sé escapar de ti.

No soy el mismo con la gente. No sé pedir ayuda, porque parece que mis gritos no los va a escuchar nadie.

Las cosas que me ilusionaban, ahora las siento como de otro planeta.

La ansiedad me grita.
Y yo quiero gritar más alto.

Te quiero

Te quiero porque, cuando peor estaba, me diste una mano que quizá ya no merecía.

Te quiero porque siempre ayudas a que se pueda con todo.

Te quiero porque en tus ojos brillan la verdad y la fuerza.

Te quiero mirar cuando nadie te mira. Cuidarte cuando mientes y dices que no lo necesitas.

Te quiero para compartir cenas, momentos, sueños y series random.

Te quiero porque, aunque algunas veces nos olvidamos de lo que significa querer —y decirlo no sirva para mucho—, vivir a tu lado el querer es lo que me da la vida.

A su paso

Ella siempre ha conocido a mucha gente. No le supone esfuerzo alguno. Es ese carácter que tiene.

Ha vivido lo que ha podido. Se ha enamorado. Ha sufrido decepciones. Se ha cansado. Se ha ilusionado. Miles de veces todo.

Ahora han pasado los años. Ya le ha salido alguna arruga. Las desilusiones duelen más.

Tiene muchas amigas con pareja. Felizmente emparejadas ya no tantas, pero ella asiente y no dice nada.

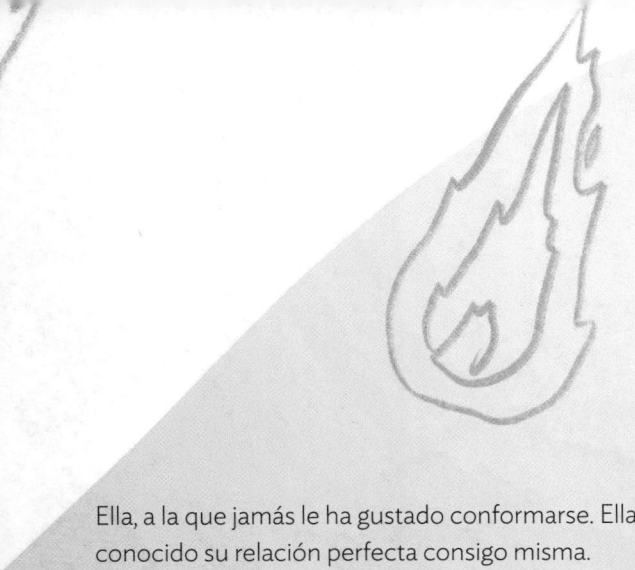

Ella, a la que jamás le ha gustado conformarse. Ella, que ha conocido su relación perfecta consigo misma.

Enciende la tele, busca una mantita. Habla en alto. Sonríe después de un día largo de trabajo. Su hogar. Su silencio.

Le sale solo, como siempre. Llama por teléfono y se le cierran los ojos.

Busca ahí. Ya no hay silencio.

Camina a su paso.

Antes de tiempo

Con la mochila de la infancia aún en la espalda, aprendiste a madurar antes de que las cometas se perdieran por el cielo. Aunque era demasiado pronto, no te quedó otra.

Las risas infantiles se convirtieron en suspiros cargados de responsabilidad, y los juegos en el parque dieron paso a lecciones de vida en el aula del tiempo. Y siempre aprobabas. Sacabas buena nota en eso de crecer.

Tus juguetes se guardaron en cajas polvorientas, mientras tus sueños crecían más rápido. Descubriste que la madurez no espera a que soples las velas de cumpleaños, y en las arrugas demasiado tempranas se refleja la sabiduría de quien aprendió a bailar con la vida antes de que la música se apagara.

Conectas Spotify y vuelve a soñar. Ha pasado el tiempo entre canciones.

Ruinas

Entre los escombros de un amor que fue ciudad, caminé descalzo sobre los vidrios rotos de promesas que me hiciste. Las paredes que antes eran testigos de risas ahora son una mierda que aturde y las calles, solo aceras por donde pasean a los perros.

En las ruinas de lo que fuimos, las sombras se aferraban a los recuerdos, como fantasmas que no querían abandonar su casa abandonada. Como en las pelis. Ah, que nuestro amor no. Porque lo rompiste.

El amor, que antes me parecía una sólida arquitectura, son escombros, sus cimientos desmoronados. Olvidaste. Olvidas.

Ahora olvidé. Me obligaste. O quizá fui yo.

En las ruinas del amor aprendí que, a veces, cortar es inevitable para dejar espacio a la reconstrucción que tiene que llevar adelante uno mismo.

Con un
cassette y
un boli Bic

Algunas veces la vida gira, le da una vuelta a todo
y el mundo parece que vuela.

Vuela alto mientras todo gira.

Arrugas de Van Gogh

Ahora que algunas veces no recuerdas y otras sí,
te diré que en tus arrugas de Van Gogh se esconden
tus pinceles,
trazos de tormenta y sonrisas que aún bailan por tu piel.

Arrugas como surcos, caminos de un tiempo agitado,
de cuando eras joven, donde tus sueños se entrelazaban
con el sol pintado.

Ahora que algunas veces no recuerdas y otras sí,
cada palabra es un suspiro; cada desconcierto,
una pincelada de dolor en el lienzo de tu cara,
de nuestra cara, de nuestro padecimiento.

Tus arrugas siguen contando historias; aunque olvidas
protagonistas, narran noches estrelladas,
en las que la locura y el mal humor que tenías jugaban en aquellos
instantes perdidos.

Nos hiciste de la vida un lugar
donde los girasoles florecen.
Tus arrugas de Van Gogh son partituras de una canción
que me encanta.
Estaremos locos, pero la esperanza es sonreír hasta el final.

Ahora que algunas veces no recuerdas, nosotros te recordamos
que, con cada una de tus sonrisas, intentaste hacernos felices.
Y ya lo sabes, Van Gogh nunca se retira.

La serie

Te fuiste.
Quizá, si lo pienso, encuentre una razón.
Pero no me convence.

Te veo poner sonrisas mal colocadas, a destiempo.

Me hablan de ti. De tus siguientes capítulos.
Obras de arte, que no siempre se entienden.
Algo comercial.

Bajo la cabeza y sonrío.
Repaso nuestras puntuaciones en Filmaffinity.

Éramos la serie.

Vigo

En Vigo, donde el Atlántico abraza la ciudad —muy fuerte,
además—, cada rincón es un poema de los buenos
de verdad, abriga una historia por contar. Aquí hay miles.
En la playa de Samil, el sol pinta sus caricias, nuestras caricias;
las olas susurran secretos, danzan entre cuentos.
Aquí en esta ciudad de mar, con un clima suave (de los
mejores de España).

Subir al Castro y abrazar la ciudad desde arriba, quedarte
unos segundos a contemplarla: verás como te envuelven
sus susurros de luces, la emoción se enciende. Como tus ojos.

Las callejuelas de la parte vieja son senderos encantados,
por ellas transitan personas que te van a sorprender.
Allí el pulso de la historia late en cada adoquín quebrantado.

En las Islas Cíes, el paraíso se vuelve hogar, con el mar
y las playas de arena blanca por caminar. Aunque las gaviotas
se puedan llevar tu merienda.

La Alameda nos observa, testigo discreta de risas y
encuentros, de luces y momentos: un jardín de promesas,
de amores y de recuerdos del ayer. Cómo ha pasado el
tiempo.

Vigo, entre verde y azul, entre cielo y mar,
es una ciudad libre, viva, cambiante, que tienes que explorar
para entender.
Aquí no tienes la foto típica, aquí se disparan miles
de fotogramas en tus ojos.
Un suspiro de sal y hogar. Un gol del Celta. Una canción de
Ferreiro.

La belleza que no esperas, la belleza que te encuentra.

Ahí te quedas

Ni te atreviste. Te lo pregunté directamente mirándote a los ojos. Y no dudaste, lo negaste. Tuviste los huevos de negarlo. Yo ya lo sabía, porque tú eres así. Siempre tienes una respuesta, aunque no exista.

Te inventarás mil excusas, estoy seguro. Resuena en mi cabeza lo que vi y lo que me estás diciendo.

No digo nada. Recojo mis cosas, me levanto, mientras me dices si estoy loco, que no tengo razón.

Y ya no tengo nada más que agregar. Solo escuchar una puerta que se cierra. Los diez euros para que pagues y la calle.

La calle donde todo va a doler de camino a otro lugar.

Donde suenan canciones tristes, aunque ya no me quede batería.

Fuiste capaz y fuiste capaz de negar.

Ahí te quedas. Estarás mejor.

Tormenta perfecta

Me quedé en tu pecho. A vivir. Sentí tu piel y cómo vibraba el pico de su montaña al sentir mis labios.

Lo empapé de mis ganas y se mojó de placer.

Temblabas, temblábamos. El placer de tu piel estremecida.

Tu voz desgarrada y la noche dentro del día.

Parecemos superhéroes, perdidos en los sueños.

Ya no hay tempestad. Tormenta perfecta.

Grita alto

En lo más oscuro de su mente, un grito callado resonaba,
le pedía que acabara ya con todo.

No había lágrimas, ya no brotaban, solo el convencimiento
absoluto de estar en el centro de un laberinto enorme
de dolor y soledad, donde nada tiene sentido. Lo preparó todo
con frialdad.

Buscaba una salida, un alivio a su tormento que no deja
de llover. Porque nada merece la pena.

Pero en aquel instante crucial, la vida le extendió una mano,
un gesto de amor inesperado que hizo estallar su tristeza
en mil pedazos.

Se agarró fuerte. Aún con el vértigo. Apretó la mano
enérgicamente y dio un paso atrás.

Un paso atrás que era hacia delante.

Sempiterno

No tiene principio ni final.

Como nuestras miradas y nuestros sueños por cumplir.

Lo más bonito del mundo es sempiterno.

El amor

El amor no es perfecto. Y precisamente eso lo convierte en una de las cosas más especiales que te puedan suceder.

Porque el amor supone aprender cada día del otro. Disfrutar de los momentos y agarrarse más fuerte cuando cometemos cada uno de nuestros errores. Para aprender juntos, de la mano, que se aprieta todavía más fuerte cuando uno amaga con caer.

Lo acompañan momentos felices y también tristes; tanto en el camino fácil como en el difícil, hay que poner todo el empeño. Para construir el mañana que sea otro día más en la suma. Ni lo triste reste.

El amor no son solo buenos momentos. Hace falta toda la sinceridad que guardamos tras la mirada.

El amor no es como en las pelis; resulta mucho mejor cuando es real.

Princesas

Han quedado a las diez en el centro. La Bella Durmiente dice
que vayan cenando, que la siesta ha sido demasiado larga.
Cenicienta necesita dos transbordos para llegar, pero le da
igual. Rapunzel se está tiñendo el cabello después del desamor.
Blancanieves se ha comprado unos tacones para la ocasión
en Zara. Bella no cree que lo sea tanto mientras se repasa
el pintalabios. Elsa se abriga, que esta noche hará más frío.

Siempre que consiguen quedar todas, la noche resulta
diferente, ríen hasta altas horas, bailan sin parar, hablan
de lo conseguido y de sus sueños de niñas.

Nunca quisieron cuentos, solo vivir la vida.

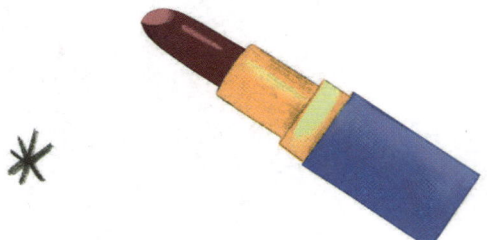

Tiempo

Nada tiene más valor que el tiempo. Lo que compartes es algo que no se puede valorar bajo ninguna medida.

Porque compartir tus minutos, tus risas y tu compañía supone el mejor regalo que le puedes hacer a alguien.

Porque el tiempo avanza con rapidez y nuestro corazón nunca se olvida de los ratos cuando precisamente el tiempo se detiene.

Nunca dejes de regalar tu tiempo a quien se lo merezca.

No lo olvidará nunca.

Abuelos

En el baile del reloj, donde el tiempo danza rápido,
mis abuelos son los maestros de la eterna risa;
tejen en su voz historias
sin prisa, sin más.

En sus ojos, brilla la ilusión de historias escritas con arrugas;
caminan junto a mí, las manos entrelazadas; navegan
por la vida en su barca de esfuerzo y lucha.

El abrazo del reloj acaricia sus cabellos de plata,
pero ahí les da igual,
allí donde el reloj se detiene, y su calma es la realidad.
La tele siempre de fondo y los besos más sinceros.
La moneda
por debajo de la mesa.

Sus ojos enseñan fotos:
los abuelos son poesía de la buena.

Dar vueltas

Ella da vueltas al mundo en su cabeza, un torbellino de angustia y desolación. Se agobia con todo; a cada paso que da, sus pensamientos se enredan, no los puede desenmarañar. La inquietan miles de dudas, se paraliza y no puede continuar.

Le pesa la vida, las decisiones que debe tomar, pero, en su corazón, la esperanza asoma. Porque siempre logra salir adelante, a trancas y barrancas.

Escucha música, canta en la ducha y, mientras recorre la ciudad, sonríe, es feliz y todo se calma. Ella nunca camina despacio, en nada.

Empieza mil series y no acaba ninguna. Anota cientos de pelis y nunca encuentra el momento. Dice en enero que este año sí.

Muchas veces le cuesta horrores concentrarse en las cosas importantes, pero invierte horas en chorradas.

Así es. Así vive. Así avanza.

Realidad

No olvides nunca que hay cosas que, para ser bonitas, solo necesitan ser reales.

Porque existen muchos sucesos que llaman la atención, pero detrás no tienen nada de verdad.

Algo puede ser perfecto siendo totalmente imperfecto.

Porque, lo que te hace sentir, no entiende de nada.

En tus ojos brilla.

*** ...

Recordar contraseña

ntraseña

****

En este mundo que va tan rápido, siempre vivimos recordando. Pensando si antes era todo mejor o quizá hemos cambiado demasiado.

Recuerda tu magia.

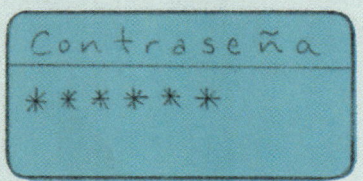

Lo hemos montado (Toda la tarde)

Es nuestro pequeño rincón de caos, donde las risas se mezclan con los platos sucios en muy pocos metros cuadrados: no necesitamos más. Los sueños se acurrucan en la cama todavía deshecha; existe un hogar que solo nosotros entendemos. Hacemos la compra de la mano, cocinamos las ganas en la cocina. Compartimos más que espacio, compartimos la vida.

Tenemos sueños de conquistar el mundo desde la comodidad de nuestro sofá desgastado, con abrazos en las noches frías. Los problemas desaparecen con el aroma del café matutino y las discusiones se van muy rápido.

En este hogar —que es más que cuatro paredes—, somos arquitectos de sueños. Nos gusta soñar con estos muebles de Ikea.

Felices de lo que hemos montado.

Miradas

Así me miras.

Con ojos de que incluso me quieres más que cuando no me tenías.

Porque conoces el dolor y construyes.

Me buscas, me ganas.

No dejes de mirarme.

Porque en ti el amor no duele. El amor baila.

Dónde estás ahora

Ahora te has ido. Por momentos me duele. Pero ya no pienso
mirar hacia atrás,
allí donde estás ahora.

Me echarás de menos, dirás que me quieres.
Te comerás tus palabras, porque ya mi casa ha dejado de ser
tu casa.
Que ya no haré más veranos en tus inviernos.

Que cuando lleguen los domingos y veas el sofá vacío, te
acordarás de mí. Que cuando te llegue el barro a las rodillas, no
te dejaré mis botas. No vamos a ser ahora conocidos de esos
que ni se saludan al cruzarse.

Porque ahora duele hasta respirar.

Ya no compartiremos series,
no llegarás al pedido mínimo.
Pero mañana no estaré de todas formas.

Pequeñita

Eres pequeñita pero no frágil. Hablas del dolor del pasado.
De bombas nucleares.

Te sabes rota, pero sonríes con dulzura.

Eres más guapa todavía desde mis ojos.

No le tienes miedo a nada, no te vas con cualquiera, no te
mueres por nadie.

Luchas por los tuyos. Abrazas a tus padres.

Intentando dejar los recuerdos a cero. Como tener cero WhatsApp sin responder.

Kamikaze con lo que te quiere dañar de nuevo.

Dices que le jodan a la vida, pero no a ti.

Verano

Me encanta cuando llega el verano y el sol abraza mi piel. Entre arenas doradas y junto a las olas. Las cervecitas con tus amistades y que anochezca tan tarde.

Levantarse sin hora para aprovechar el día, pero no mirando el reloj; sin prisas, sin agenda, dejando lejos el estrés del día a día.

Voy a la playa y me sumerjo en el mar, siento esa libertad.

Las risas de los niños llenan el ambiente jugando en la arena, sin preocuparse por el tiempo tampoco. Su suerte y su felicidad de no tener problemas.

Las noches estrelladas son mágicas; las conversaciones, infinitas bajo la luna.

Risas, abrazos y también canciones que coreamos a grito pelado.

Viajar

Me encanta perderme por calles desconocidas. Algún rato sin GPS para recordar cuando las ciudades eran laberintos con sorpresas y hallazgos a cada paso.

Escuchas de fondo miles de idiomas que se convierten en música para tus oídos. Los olores que te transportan y te hacen darte cuenta de que no estás en casa.

Viajar con la mochila cargada de sueños. Probar nuevas comidas. Encontrar rincones que no esperabas. El tren que te hace navegar. El avión que te posa sobre un nuevo lugar por explorar.

Sumergirte en una nueva cultura. Restando un lugar en el mapa a donde ya quieres volver.

Cierro los ojos, reviviendo cada instante, y sonrío sabiendo que no son solo lugares, sino emociones que se convertirán en tesoros para mí.

Incondicional

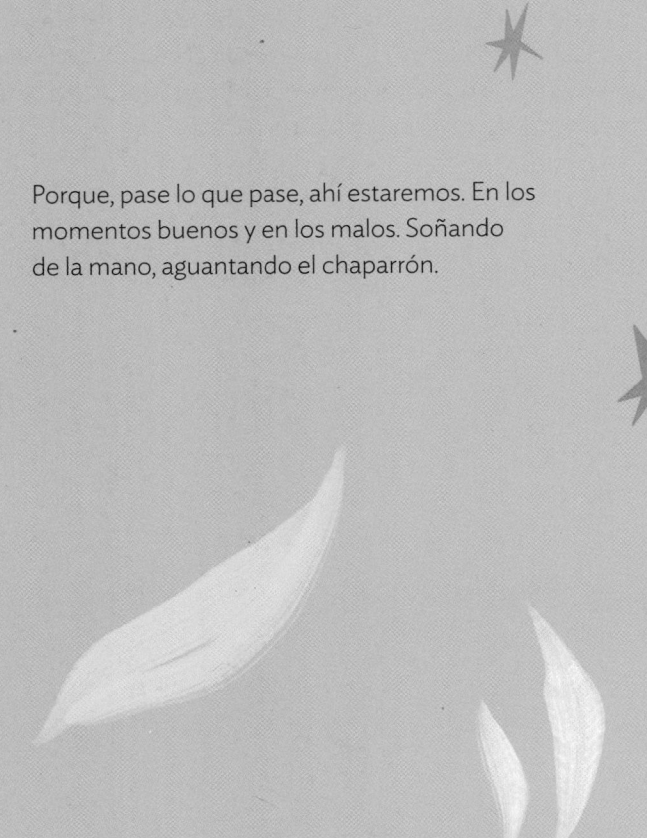

Porque, pase lo que pase, ahí estaremos. En los momentos buenos y en los malos. Soñando de la mano, aguantando el chaparrón.

Navidad

Dejando a un lado los villancicos, los abrazos, las llegadas, las cervezas con los amigos que solucionan el mundo, los nuevos propósitos que nunca cumplimos, los Reyes Magos, los besos de verdad, la magia que traen estas fechas...

Debo decirte que...

La Navidad me gusta contigo, indiscutiblemente.

La sonrisa que sacaste

No sirve de nada el dinero que guardes, el rencor que acumules, los besos que no diste.

No sirve de nada lo que fuiste o conseguiste, aquello que todos envidiaron.

La vida está llena de deseos por cumplir; va todo demasiado deprisa, se acaba sin avisar.

Porque la vida es todo eso que consigues, que te hace sonreír, porque eso se quedará para siempre. La conversación que te cambió la vida. La persona que te iluminó las noches. La inesperada locura.

El silencio de la noche

En el silencio de la noche, cuando al mundo exterior lo
envuelve la oscuridad y las calles se vacían de ruido,
salvo por cuatro ambulancias y dos motos alborotadoras,
ella se enfrenta a su propia tormenta interior. Cada noche,
en su habitación, los miedos aparecen para sobrevolar
su cabeza.

Su Apple Watch marca las horas, pero su mente desconoce
el descanso. Los afanes del día la persiguen como sombras
nocturnas, y las palabras no dichas se repiten en su mente
febril. Las decisiones no tomadas y las preocupaciones
van ganando por goleada.

Cierra los ojos, pero su cerebro continúa
montándose pelis.

Los «y si» se multiplican en su mente
como estrellas en el cielo.

Y así, cada noche, el ciclo se repite como un cuento
nocturno en el que sus pensamientos son
los protagonistas indiscutibles. Sin moraleja.

Fuego en tus entrañas

Me gusta conocerte cada día. Con tus locuras nuevas o con cosas que me cuentas que no me esperaba. Sorprendes.

Sorprendes con tus planes inesperados, tus cambios de *look* y tus sueños cotidianos.

Tienes la capacidad de arreglar la semana en cinco minutos, aunque los días anteriores fueran peor que quedarnos atrapados en una cloaca.

Porque sabes ser perfecta, arreglada o en pijama. Con ganas y sin ellas. Cuando se quema el desayuno y hay fuego en tus entrañas.

Algunas veces no haces nada y es como si voláramos.

Tu paz mental acaba con todas las guerras.

Series

Cuando tú no bailas es como *Juego de Tronos* en su caída,
donde los destinos se entrelazan; como *Stranger Things* sin miedo.

Breaking Bad el corazón, rompiendo barreras con pasión,
en el laberinto del amor; como *Westworld* sin restricción.

Bajo *La Casa de Papel*, el robo de los momentos:
cada beso es un capítulo, en susurros compartidos.

Como *Friends* en la tormenta de nuestras risas que nunca terminan;
nuestro lazo es eterno, como *The Office* en su oficina. Donde ahora
tejen muchos sueños.

En *Grey's Anatomy* del alma, cada emoción es una sala donde curan
los daños, como una bronca de tu padre a los quince años.

Como *The Crown* de nuestro reino, rey y reina de sueños,
en este episodio llamado vida, somos los dueños.

Cada día, un nuevo episodio en nuestro propio viaje de nosotros dos,
una trama interminable, como *The Simpsons*... ¡Ojalá toda la vida!

Mensaje

Algunas veces solo necesitamos recibir este mensaje:

> *Hola, ¿cómo estás? Solo quería recordarte que estoy aquí si necesitas hablar o simplemente desahogarte. Sabes que puedes contar conmigo. A la hora que sea.*

Ya no quedan ciudades

Porque algunas veces las ciudades están cerca pero no las sientes como propias.

Ojalá podamos seguir iluminando algunas, todas.

La mejor sensación

Todos quieren crear la mejor película,
el mejor libro, la mejor serie, el mejor poema.

Todos quieren destacar en algo, hacerse famosos
y volar en primera clase.

Todos quieren ser ricos y vivir en mansiones.
Ser perfectos y tener lo que desean al alcance de la mano.

Disfrutar la sensación de que no hay nada mejor en el mundo.

Lo quieren porque no te han visto a ti reírte a carcajadas
con cualquier tontería.

Cuatro líneas

El amor es silencio,
aunque a veces grite;
es estar juntos sin decir nada,
y entenderlo todo sin necesidad de explicarlo.

Casi mujer

Ella es una mujer libre con una fuerza imparable;
su mente, un océano donde podrías ir de vacaciones y naufragar.
Ella se nutre de conocimientos y aprendizaje.
Ella nunca deja de aprender. Escucha atenta.

No hay límites para su curiosidad,
ni barreras para su creatividad.
Su espíritu es libre,
en busca de nuevos países que descubrir.

Ella es una chica, casi mujer, llena de sueños,
llena también de dudas y malos recuerdos.

Ella es dueña de su destino.
Aprendiendo, creciendo y evolucionando,
en cada paso se va convirtiendo en eso que quiere ser:

una mujer imparable, un volcán en constante erupción.
Su risa, un incendio que acaba con el invierno.

Zombis

Caminamos como zombis, sin mirar al frente. Enfrascados en nuestros *airpods* y mirando la pantalla mientras caminamos. En otro mundo.

Ya no nos fijamos en la mirada de quien nos cruzamos, en el escaparate que reluce, en el hombre que tropieza y se cae.

Lo queremos todo instantáneo y no disfrutamos de la espera. Del momento, de la foto.

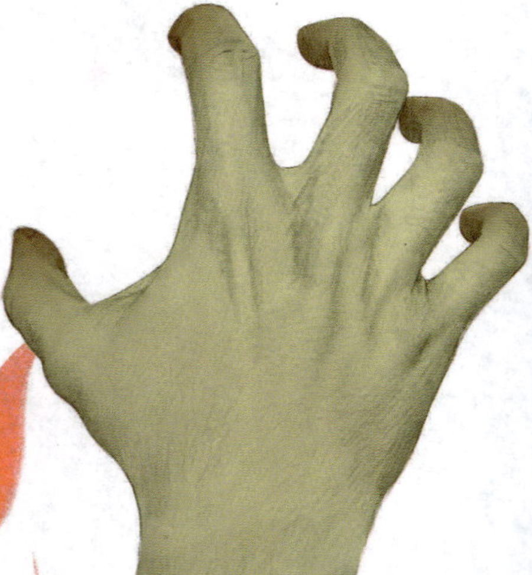

Nos olvidamos del mar, de la puesta de sol, de las flores del parque. Solo inmortalizarnos para nada.

Acumulamos viajes y no disfrutamos de los rincones de la ciudad. Ya no nos perdemos, que nos dirige el Google Maps.

Decimos «Te quiero» a través de pantallas. Queremos con fecha de caducidad. Perdonamos menos, no luchamos casi nunca.

Nos olvidamos del antes.

Antigüedades

La vi por primera vez. Directamente a los ojos.
Notando esas miradas que se cruzan y arden en deseos de mezclarse.
Una cerveza.
Dos.
Las piernas se tocaron sin querer (o queriendo) por debajo de la mesa.
Rocé su mano en busca de aceitunas. Era suave, extremadamente
suave. Paseamos y nos paramos en la columna de un parque,
le agarré las manos y la besé.
Acerqué los dientes a su cuello y la vi temblar mientras metía la mano
dentro de su sujetador. Piedras preciosas. Su voz se perdía cuando
me notó desabrochar el primer botón de sus vaqueros. Un suspiro más
y me deslizaba. Largos dedos. Y esa noche la ciudad se iluminó
sin farolas y sus gemidos fueron mi banda sonora.

La chica chocolate

La chica que ya no deja que le vuelva a pasar lo mismo. Que se lo piensa dos veces todo porque le da miedo que se repita el daño. La chica de los desayunos y las risas. Que si la necesitas allí estará a cualquier hora. La chica que hace de cada día uno distinto. Porque ella sigue soñando.

La chica que se ríe de los problemas y los convierte en retos.

La chica de corazón de chocolate y mirada como bomba de relojería.

Ojalá

Porque, pase lo que pase, ahí estaremos. En los momentos buenos y en los malos. Soñando de la mano, aguantando el chaparrón.

Cuento

Querida Valentina:

Permíteme que te cuente una historia mágica que nació el mismo día en que tú viniste al mundo.

Hace mucho tiempo, en el corazón de la ciudad, nació una pequeña niña llamada Valentina. Su respiración flojita resonaba como melodía y su corazón ya explotaba de amor en nuestras manos.

Todas las personas observaban con asombro cómo Valentina exploraba el mundo con ojos llenos de curiosidad.

Un día, un animal sabio decidió escribirle unas normas para guiarla en su viaje por la vida.

1. **Respeto por la Naturaleza:** *protege los bosques, promete cuidar las plantas y los animales, siendo amiga de cada ser que habita en su reino.*

2. **Aventuras con Imaginación:** *deja volar tu fantasía como las alas de una mariposa. Cada día será una nueva aventura llena de descubrimientos mágicos. Lee, dibuja, escribe, pero, sobre todo, sueña.*

3. **Amistad con Personas Mágicas:** *haz amistad con los duendes y hadas que se aparecerán bajo la forma de amigos y amigas a lo largo de los días. Sus secretos y consejos te acompañarán en tus travesías.*

4. **Sé Buena con los Demás:** *como el río que fluye con suavidad, sé amable y compasiva. Tu buen corazón iluminará incluso los lugares más oscuros.*

5. **Sueños Estelares:** *Antes de dormir, confía tus sueños a las estrellas. Ellas escucharán y guiarán tus sueños hacia tierras lejanas y mágicas. No tengas miedo. Estamos ahí contigo.*

Que estas normas te sirvan también a ti, Valentina, como mapa en tu viaje por la infancia, en la que la magia y la bondad son las llaves que abren puertas a mundos extraordinarios. Los de la vida.

Con cariño mágico...

Papá

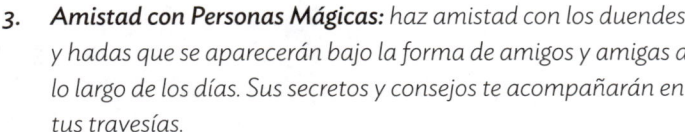

Infinitas maravillas

Siete maravillas que el tiempo acaricia,
historias esculpidas en la piedra antigua.
Como relatos perdidos en la arena,
descubren secretos que el pasado narra al oído.

Entre sombras de pirámides erguidas,
se alza el misterio de la eternidad.

Como tu pecho cuando mi boca lo toca.
En Grecia, el Partenón nos invita
a bailar con nuestra historia, que es de verdad.

Majestuosas en el Valle de los Reyes,
las pirámides de Egipto susurran nuestros cuentos.
Guardianas de tesoros y leyendas, como los que abriga
tu mente:
esfinges que despiertan bajo el viento.

En Petra, roca tallada con pasión,
un tesoro rosa emerge del desierto.
Un rincón donde el arte es canción,
como la tuya cuando me hablas.
Siete maravillas, un solo concierto.

El Coloso en Rodas, testigo del mar,
piratas y navegantes.
Entre ruinas, su sombra perdura:
nadar en tu mojadura,
colgarme de tus labios.

Jardines colgantes de Babilonia,
tus ojos suspendidos entre cielos.
Flores que danzan en terrazas de alegría.
Cómo huele tu perfume,
es de los que no se olvidan,
igual que las historias que se lleva lejos la brisa.
Lo más cerca en tu vientre.

Arte divino en la estatua de Zeus,
Olimpia acoge la grandeza del dios.
Tú eras la diosa.
Entre columnas y mitos, el cielo cruza,
siete maravillas, siete destinos contigo.

No terminamos en Éfeso; la diosa Artemisa
entre las columnas resplandece con tu gloria.
Un templo que al cielo acaricia;
siete maravillas, pero capítulos infinitos en nuestra historia.

Silencio

En la calle solo hay silencio. Es una de esas noches cuando
parece que el mundo se ha quedado quieto.

Tan quieto como nosotros en el sofá. Compartiendo
un pedido a domicilio y una serie con muchos capítulos.
Dándole al «pausa» para poder decirnos alguna tontería.

Algunas veces me pierdo y tú haces que me encuentre.
En las series también.

Te disfruto en silencio. Te miro, cuando estás atenta
y cuando se te cierran los ojos por el sueño.

Y jamás un silencio podrá decirme más cosas.

Algunas veces el silencio dice miles de frases.

Caracol

Siempre has llevado la casa y los problemas a cuestas. Como un caracol. Avanzando lento pero seguro. Haciendo paradas en las situaciones que la vida te fue dejando en el buzón.

Más penas que alegrías, un felpudo del chino y muchas ganas de comerte el mundo y volver a intentarlo siempre.
Babeando la almohada cuando estás agotada por el esfuerzo.
Hibernando en invierno, viviendo en zapatillas. Duchándote a la noche. Tus orgasmos animales.

No lo seremos

Nunca seremos de esas personas
que esperan sentadas
a que todo lo bueno venga.
Nos gusta perseguirlo, arañarlo,
beberlo y vivirlo.

Nunca seremos de esos que lo dejan todo para mañana
y lo van dejando y nunca se hace.

Porque, aunque algunas veces tengamos miedo,
siempre nos llamará más el no dejar de intentarlo.

Nunca seremos de esos que lo dejan pasar.

Preferimos viajar y volar.

Hay cosas que nunca estarán prohibidas.

Sin alas

Me hubiera gustado un final feliz, pero casi ninguno lo es.

Esa sensación de que algo se termina. Algo que se termina y encima te encantaba.

Podría escribir un recopilatorio de cosas malas, pero me quedo con todo lo bueno que hacíamos dándole sentido a las cosas sin sentido del mundo. A eso jugábamos y eso nos hacía tan felices.

Nuestros abrazos curaban y calmaban. Ya nada cura, ya nada calma.

Quise abrazarte esta mañana y no estabas.

Estuvimos volando bajo y ahora me quedé sin alas.

Siempre

Pase el tiempo que pase, un *ojalá* nunca estará completo sin un *siempre*.

Todos serán primavera

Aunque casi nunca te lo diga, me cambiaste la vida.

Conseguiste que todas esas noches rotas se construyeran
de nuevo con tu risa. Las noches sin dormir en una fiesta.

Tú me hiciste creer en mí, creyendo en todo. Fui capaz de ser
capaz.

No me dejaste rendirme, no dejaste que abandonara
mis sueños por agobiarme.

No sé cuántos inviernos y veranos nos quedan.

Pero si no me sueltas nunca la mano, todos serán primavera.

El día de la semana

Cuando quedamos para tomar un vino y hablamos de todo. De los problemas y risas de la semana. De ideas que arreglan el mundo. Un día cualquiera que convertimos en especial. Saber que, charlando y brindando, recargamos las pilas. Somos nosotros. Unidos en todo.

Christmas para todo el año

A los que están alegres, a los que están un poco tristes. A la nostalgia. A los que echan de menos. A los que ya no están. A los que han dado nueva vida. A los que tienen que luchar en la enfermedad.

Por los abrazos, las sonrisas y las lágrimas. Por los esfuerzos, los intentos y los sueños. Por el favor sin pedir nada a cambio y cambiar tanto odio por amor.

Intentemos hacerle la vida más fácil a quienes pasan cerca de nosotros todos los días del año.

Cualquier gesto puede cambiar el día de una persona. Será nuestro granito de arena.

Está en nosotros.

Porque puede ser Navidad todo el año.

Una de esas personas

¿Te imaginas cuántas personas se están pensando ahora mismo a la vez en el lugar equivocado?

¿Te imaginas cuántas personas no han sido valientes y por ello se han perdido cosas extraordinariamente especiales?

¿Te imaginas cuántas personas prefirieron no arriesgarse y quedarse con las dudas eternas?

Arriesga, no seas una de esas personas.

Descuelga

Algunas veces el peso de la vida se hace insoportable.

Y aunque parezca difícil, hay fuerza en pedir ayuda. Cerca o lejos.
En persona o por teléfono.

No te ahogues en silencio, busca un hombro amigo que te escuche sin
juzgar. La vulnerabilidad no es debilidad, es el primer paso para sanar.
Recuerda, no estás solo en esta batalla: hay manos dispuestas
a sostenerte cuando sientas que te caes. No temas alzar la voz, porque
todos necesitamos ayuda en algún momento de nuestras vidas.

NO es una vergüenza. Sé por qué lo digo.

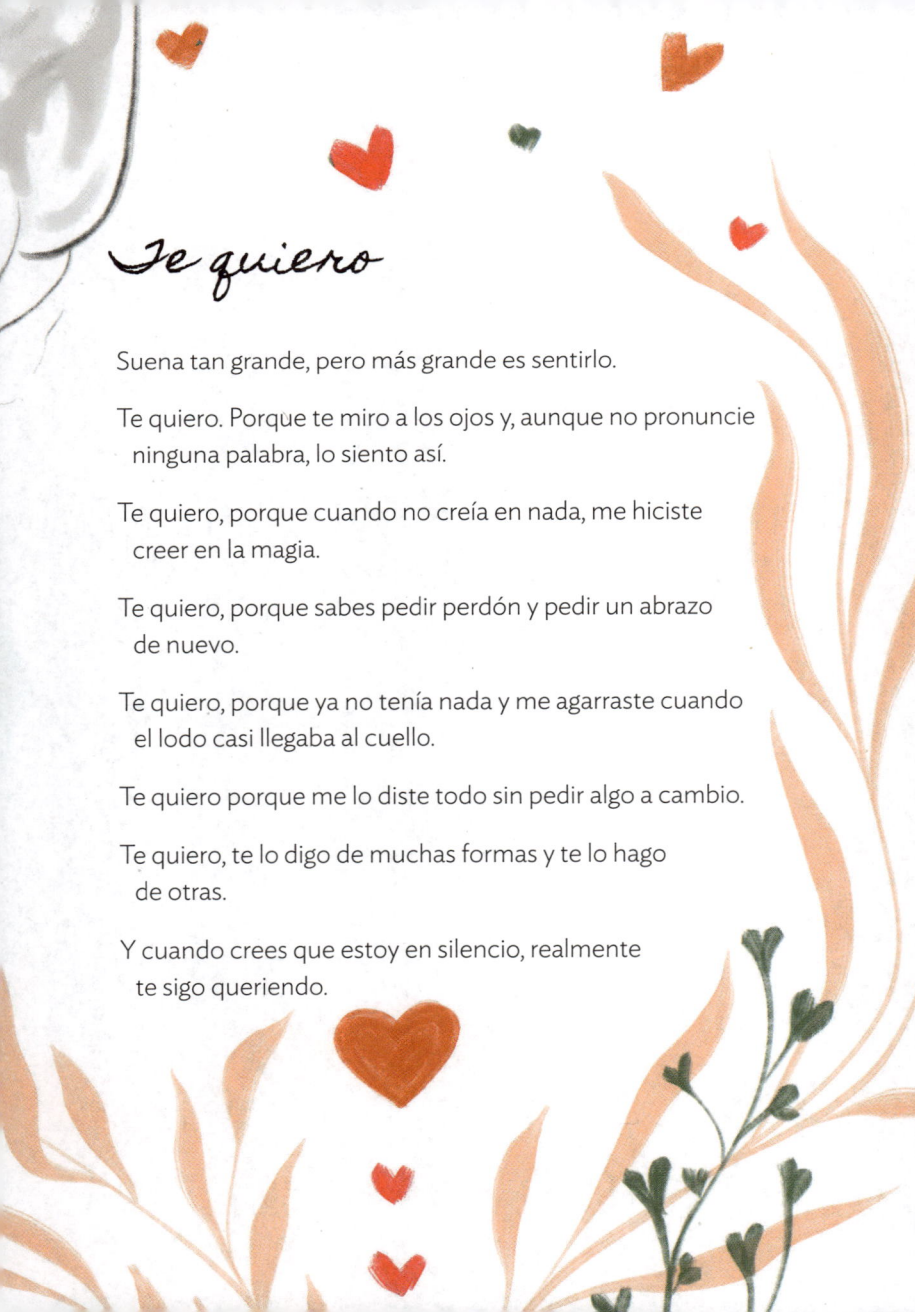

Te quiero

Suena tan grande, pero más grande es sentirlo.

Te quiero. Porque te miro a los ojos y, aunque no pronuncie ninguna palabra, lo siento así.

Te quiero, porque cuando no creía en nada, me hiciste creer en la magia.

Te quiero, porque sabes pedir perdón y pedir un abrazo de nuevo.

Te quiero, porque ya no tenía nada y me agarraste cuando el lodo casi llegaba al cuello.

Te quiero porque me lo diste todo sin pedir algo a cambio.

Te quiero, te lo digo de muchas formas y te lo hago de otras.

Y cuando crees que estoy en silencio, realmente te sigo queriendo.

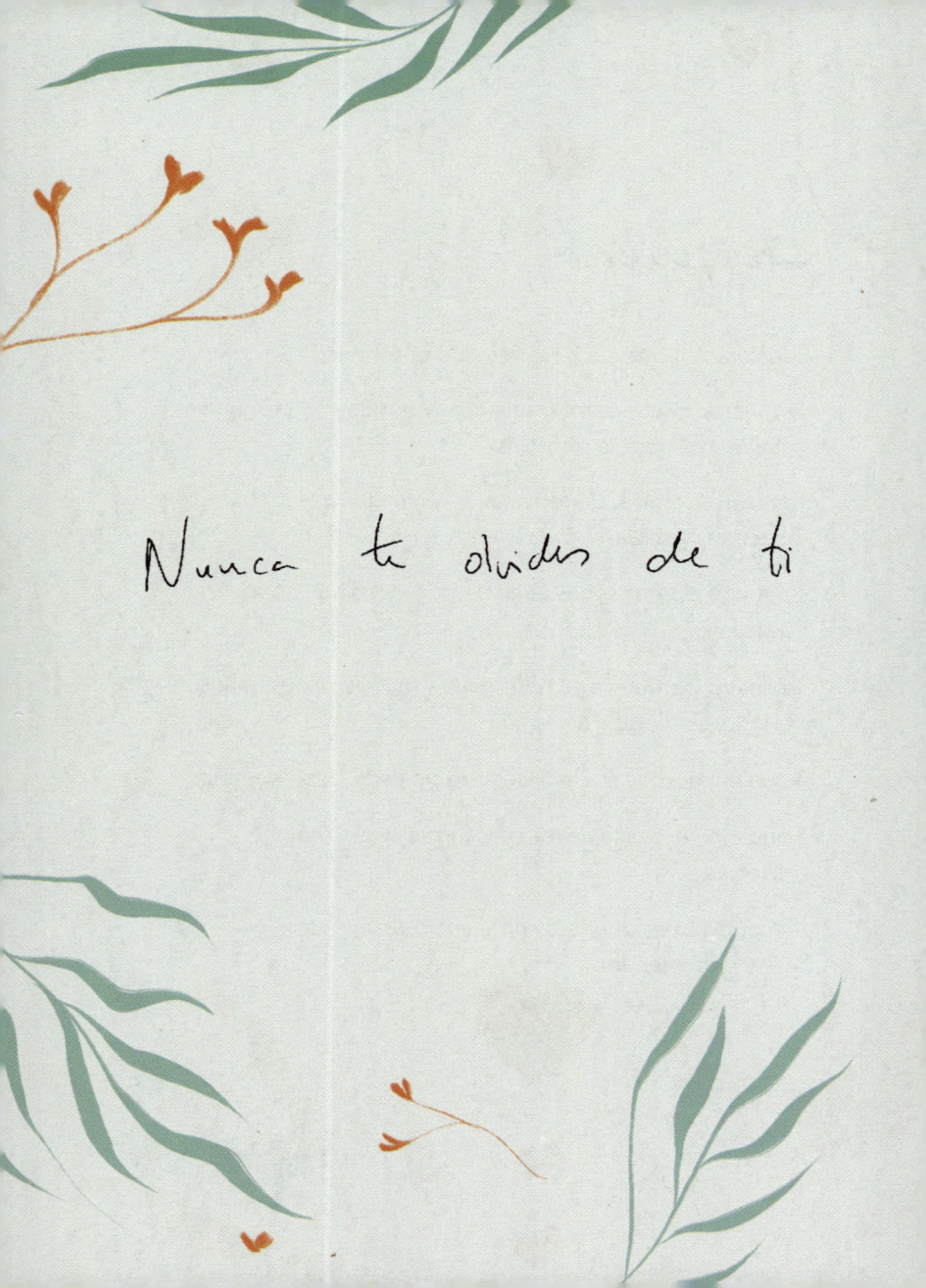

Nunca te olvides de ti

Vosotros

(MICROCUENTOS)

1. La chica que cayó a un pozo oscuro, pero se agarró con todas sus fuerzas a una pequeña cuerda. Poco a poco volvió la luz.

2. Todavía me sigo conociendo.

3. Nunca es tarde para darte una oportunidad a ti mismo. Porque mañana el sol seguirá ahí y siempre habrá una mano a la que agarrarse.

4. Desde entonces todo es parecido a los árboles del parque de la esquina. En pleno otoño.

5. Justo ahí, cuando te das cuenta de que llevas mucho tiempo hablando con alguien que solo te responde.

6. Todo el mundo decía que parecías un error y fuiste el mayor acierto.

7. Me da mucho vértigo el vacío que me haces.

8. Llega un punto en que estás más vacío que perdido. Piénsalo.

9. Perdonar no es torturar eternamente.

10. Ha llegado la hora de no dejar de quererte fuerte. Por ti y por todo lo que hemos pasado.

11. La mezcla de coherencia con locura.

12. Ese momento cuando sabes que le llegará alguien especial. Y que no serás tú. Y no queda otra que dejar atrás...

Amistades que se entienden
en la mirada

13. Hay personas con las que las palabras se quedan muy cortas y, en cambio, resulta suficiente con mirarlas a los ojos.

14. Nunca es suficiente queso. En ninguna circunstancia.

15. Tú sabías que necesitaba un abrazo de los tuyos. De los que curan.

16. Ojalá alguien que no se vaya en mitad de la tormenta.

17. Empezar de cero no es perderlo todo. Al revés. Muchas veces es ganarlo.

18. Dormir con el corazón tranquilo porque siempre diste todo lo que tenías dentro.

19. Comparten colchón. Sonrisas ya no.

20. Quizá no lleguemos muy lejos, pero el camino es más bonito contigo.

No dejes que el amor duela.

21. El dolor en el pecho. El de después del ataque de risa.

22. La chica que siempre encuentra la salida en los malos momentos. Que tira hacia delante intentando que cada día sea mejor que el anterior.

23. Tropecé contigo y no hubo caída. Llegamos alto sin subir a ningún sitio.

24. Creo que nada podrá superar la sensación de que te sonría tu hija.

El mundo que hable,
tú, mientras, quiérete

25. Netflix también me hace buena compañía,
que lo sepas. Además hacemos planes
aleatorios.

26. Supongo que prefiero verte a ti mientras
te subes los calcetines que besar a otras.

27. Cuando escucho los primeros segundos
de una canción nueva, ya sé si me va a atrapar.
Pues, con las personas, parecido.

28. Contigo siempre parece que nada puede
fallar. Hasta en los días malos. Durante los días
nublados. Porque eres capaz de darle la vuelta
a todo en un segundo. Porque eres capaz
de hacer que todo explote cuando hay calma.
Porque eres capaz de hacer calma
cuando todo es ruido.

29. Cerca del mar siempre es el sitio correcto.

30. Los ojos bonitos no son color, son mirada.

Ojalá   Siempre

Índice

Me llamo Jose. Sin tilde. Nací en los ochenta y creo que aquel año fue la última vez que nevó en Vigo. Mi ciudad. Esa ciudad con microclima que deja la hermosa ría. Nunca hace mucho calor ni demasiado frío.

El destino hizo que inventara una palabra al azar, DEFREDS. Una noche de invierno empecé a escribir en Internet, simplemente por desatascar días tristes, en un lugar donde apenas nadie me leía. Y muy poquito a poco, y *casi sin querer*, empezó a llegar gente a mis letras.

Me di cuenta de que, *cuando abras el paracaídas*, algunos sentimientos te dolerán un poco menos. Y que escribirlos y compartirlos con el mundo, lo vuelve todo un poco más bonito.

En estos últimos años, he realizado cientos de firmas en España y en el extranjero. He pisado *1775 calles* y conocido a un montón de personas interesantes. Una forma de crecer para mis *historias de un náufrago hipocondríaco*.

Cuando era un niño y todavía *con un cassette y un boli Bic*, arreglaba aquellas viejas cintas con canciones de Los Hombres G que me inspiraban; jamás hubiera imaginado que escribiría libros y que la gente los saborearía.

Porque para mí todo lo disfrutado hasta ahora siempre será *sempiterno*. Jamás nadie podrá quitarme los momentos vividos. Y sueños con los que vivir mucho más. A vuestro lado.

Ya sé que algunas veces soy un desastre, un despistado, de esos de *recordar contraseña*. Y que lo que hago quizá no es tan bueno, solo necesita ser real. Pero lo que hay en mis libros siempre lo será de forma *incondicional*.

Después de estos tiempos, en los que por momentos pensaba que *ya no quedan ciudades*, solo puedo decir, que *ojalá siempre* disfrutes de este nuevo libro. Que sea como un nuevo *amanecer*.

Nos vemos pronto, querida lectora, querido lector: tú me ayudas a crear esta especial biografía.